Cornelia Funke

Verflixt und zugehext

Illustrationen von der Autorin

Loewe

Die Deutsche Bibliothek – CIP-Einheitsaufnahme

Funke, Cornelia:
Verflixt und zugehext / Cornelia Funke.
Ill. von der Autorin.
– 1. Aufl. – Bindlach : Loewe, 1998
(Lesespatz)
ISBN 3-7855-3111-7

Dieses Buch ist auf chlorfrei gebleichtem Papier gedruckt.

ISBN 3-7855-3111-7 – 1. Auflage 1998

Umschlagzeichnung: Cornelia Funke
Redaktion: Claudia Ondracek
Satz: Leingärtner, Nabburg
Gesamtherstellung: New Interlitho Italia S.P.A.
Printed in Italy

Inhalt

Kleine Kartoffeln

Eines Tages
hatte die Hexe
Alma Kamille
Appetit auf Kartoffeln.

Also ging sie mit Ziege
in den Garten
und grub ein paar aus.

„Verflixt und zugehext!“,
seufzte Alma.
„Die sind ja klein
wie Erbsen.“

„Da musst du wohl
ein bisschen hexen“,
sagte Ziege.

Also nahm Alma
die Kartoffeln
mit in die Küche.

Sie scheuchte drei Hühner
unter den Tisch.

Und Kröte setzte sie
neben die Kartoffeln.

Dann stieg sie
auf ihren Hexenbesen.
Sie flog um den Tisch
und sang:

„Los, ihr Zwerge,
werdet dick!
Nur durch
Almas Hexentrick!“

Kröte spuckte
auf die Kartoffeln.

Die Hühner gackerten.

Und Ziege meckerte.

Plötzlich machte es puff!
Und alles war
voll grünem Rauch.

Alma konnte
nichts mehr sehen
und flog gegen die Wand.

Hexenpech

Als der Rauch verschwand,
waren die Kartoffeln
groß wie Fußbälle.

„Na bitte!“, rief Alma
und stutzte.

Ziege war plötzlich
groß wie ein Elefant.
Alles war einfach riesengroß.

„Hexenpech!“,
quakte Kröte.
„Alma ist verkehrt
herum geflogen!“

Alma Kamille war klein
wie ein Hamster.

„Verhext und zugeklebt!“,
rief sie.
„Ich brauche Katzenhaare.
Schnell, besorgt mir welche!“

Kröte gluckste
erschrocken.

Die Hühner
versteckten sich
im Backofen.

Und Ziege schüttelte
die Hörner.

„Was, ihr wollt nicht?“,
rief Alma Kamille.
„Aber ich mag doch
keine Katzen!“

„Wir auch nicht“,
sagte Ziege.

Katzenhaare

Also flog Alma
selber los.
Dreizehn Häuser weiter
fand sie eine Katze.

Sie lag dick und faul
vor der Haustür
in der Sonne.

Alma landete hinter
einem Blumentopf.

Leise schlich sie
zu dem gestreiften Schwanz.

Alma griff
nach einem Büschel Haare –
da fuhr die Katze herum.

„Haaaaalt!“,
rief Alma.

„Katze mit der
Krallentatze!

Alma hext dich
sanft und nett

und so stocksteif
wie ein Brett!“

Die Katze schnurrte –
und rührte sich nicht
von der Stelle.

Blitzschnell riss Alma
ihr ein Büschel
Haare aus.

Da ging die Tür auf
und ein Mädchen
kam heraus.

Ihr Riesenfuß landete
genau auf Almas Besen.

Hexenschreck

Das Mädchen sah
die stocksteife Katze an.

Dann sah es
Alma an.

Und packte sie.

„Lass los!“,
rief Alma.

„Du bist ganz schön frech,
obwohl du so klein bist“,
sagte das Mädchen.

„Ich bin eine Hexe!“,
schimpfte Alma.
„Und du stehst
auf meinem Besen!“

Verdutzt hob
das Mädchen
den Fuß.

„Schlick, schleck,
schon weg!“,
flüsterte Alma.

Und wups,
saß sie wieder
auf ihrem Besen.

Sie schnippte
mit den Fingern.
Die Katze sprang los.
Und Alma sauste davon.

„Hexendank!“,
rief sie und winkte
mit den Katzenhaaren.

Hexerei mit Hühnerei

Ziege und Kröte
warteten am Gartenzaun.

Alma flog
an ihnen vorbei
durchs Küchenfenster.

Neugierig kamen
die zwei hinterher.

„Sie hat die Haare!“,
quakte Kröte.

„Still, ihr Feiglinge!“,
sagte Alma.

Die Hexe warf
die Katzenhaare
in einen Topf.

Dann murmelte sie:
„Wasser her!
Bitte sehr!
Und ein Ei,
weich wie Brei!“

Der Krug brachte Wasser,
der Eierbecher ein Ei.

Kröte spuckte.
Ziege meckerte.

Das Wasser dampfte
und wurde blau.

Alma sprang
in den Topf –

und war wieder groß.

„Na bitte, wie neu!“,
rief die Hexe.

„Nicht ganz!“,
meckerte Ziege.
„Deine Haare sind blau.“

„Sieht doch gut aus!“,
sagte Alma
und kochte endlich
die Kartoffeln.

LESE SPATZ

Marliese Arold
Wo bleibt der Pizza-Igel?

Petra Fietzek
Bodo, das Glücksschwein

Jana Frey
Jasper hat doch keine Angst

Cornelia Funke
Verflixt und zugehext
Das verzauberte Klassenzimmer

Sigrid Heuck
Das Wunschpony

Katharina Kühl
Michi Meisterkoch

Doris Meißner-Johannknecht
Malte am Meer

Salah Naoura
Der rote Lolli

Ursel Scheffler
Lilli Pickadilli und der Osterhase

Annelies Schwarz
Die Buchstabenhexe

Ingrid Uebe
Für Nina von Tim